SIELE B2 - DELE B2
2021

15 textos para completar con
196 preguntas tipo test de español

Vanesa Fuentes

B **E**
BIBLIOTECA
ELE

OTROS LIBROS DE LA COLECCIÓN DISPONIBLES EN AMAZON

RECOMENDADOS TAMBIÉN PARA EL NIVEL B2 :

 Supera el DELE B2 - 2021 - Comprensión de Lectura y Expresión Escrita. 3 modelos de comprensión de lectura y expresión escrita. 9 ejemplos de redacción comentados y realizados según los criterios oficiales del Instituto Cervantes. (+ 3 audiciones para la Tarea 1). Incluye soluciones y glosario COVID-19 con 67 términos y definiciones.

 Complementa el DELE B2 – 2021 - 200 preguntas tipo test con soluciones. Repasa conceptos gramaticales y revisa el léxico propio del nivel. El objetivo es mejorar la capacidad de expresarse con corrección en las pruebas de expresión e interacción del DELE B2, en la parte oral y en la escrita. Incluye soluciones y glosario COVID-19 con 67 términos y definiciones.

 SIELE C1 - DELE C1 - 2021 - 15 textos para completar con 196 preguntas tipo test de español avanzado. Entrenamiento para la tarea 5 de la prueba de comprensión de lectura y uso de la lengua, tanto en el SIELE como en el DELE. 15 textos periodísticos con vocabulario variado (económico, científico, literario). Hay que completar los textos con las opciones de cada pregunta. Incluye las soluciones y un glosario COVID-19.

 DELE C2 - 2021 – 15 textos para completar con 180 preguntas tipo test de español avanzado. Basado en la tarea 1 de la prueba de "uso de la lengua y comprensión de lectura" del examen DELE. Incluye 15 textos periodísticos con vocabulario variado (divulgativo, económico, científico, literario, etc.). Incluye las soluciones y un glosario COVID-19.

 Supera el DELE A2 - 2021 - Comprensión de Lectura y Expresión Escrita. 3 modelos de comprensión de lectura y expresión escrita. 9 ejemplos de redacción comentados y realizados según los criterios oficiales del Instituto Cervantes. Incluye soluciones.

 **Complementa el DELE A2 - 2021 - 300 preguntas tipo test con soluciones.** Repasa conceptos gramaticales y revisa el léxico propio del nivel. Mejora la capacidad de expresarse con corrección en las pruebas orales y escritas. Incluye soluciones.

 Complementa tu vocabulario español básico - DELE A2. Libro de ejercicios con soluciones para practicar el léxico del español. Nivel básico para principiantes. Recomendado para las personas que quieren mejorar su nivel básico de español como segunda lengua (nivel A2) o prepararse para el examen DELE A2.

SIELE B2 - DELE B2 - 2021: 15 textos para completar con 196 preguntas tipo test de español fue publicado en mayo de 2021

ÍNDICE

Página

INTRODUCCIÓN

Este manual está recomendado para las personas que quieren mejorar su nivel B2 de español (nivel intermedio-avanzado). Está basado en la tarea 5 de la prueba de comprensión de lectura y uso de la lengua del examen SIELE y en la tarea 4 de la prueba de comprensión de lectura del DELE B2. Se presentan 15 textos periodísticos con vocabulario variado (divulgativo, económico, científico, literario, etc.). Hay que completar los textos con las opciones propuestas en cada pregunta. En total son 196 preguntas de respuesta múltiple que tratan el léxico y las dificultades gramaticales del nivel B2. Para su elaboración se han seguido los criterios oficiales del Instituto Cervantes.

El equipo de BIBLIOTECA ELE puede ayudarte en la preparación de tus diplomas de español A1, A2, B1, B2, C1 y C2. Contamos con un equipo experimentado de profesores nativos españoles. Permanece atento/a a nuestro canal de Youtube para conocer nuestras últimas novedades.

Link al canal de Youtube de BIBLIOTECA ELE:

https://cutt.ly/kjBvosH

Código QR del canal de Youtube de BIBLIOTECA ELE:

Si quieres contactarnos, podrás hacerlo en el correo electrónico que encontrarás en la última página de este libro.

¡BUENA SUERTE!

TEXTOS PARA EL DELE B2

TAREA 4 - COMPRENSIÓN DE LECTURA

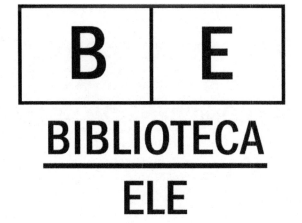

TEXTO Nº 1
INSTRUCCIONES
Lea el texto y rellene los huecos con la opción correcta (a / b / c).

OTRA MANERA DE INFORMARSE

A sus 15 años de edad, Elias Haig sueña ___1___ ser divulgador científico. Para informarse de los temas que le interesan, este adolescente de Los Teques, en las afueras de Caracas, empezó utilizando las plataformas que encontraba en Internet. También consulta regularmente Twitter. "Me permite tener una visión más integral ___2___ está sucediendo", explica. En 2018, con 12 años, Elías decidió crear un blog en el que habla de videojuegos, ciencia, redes sociales, cine y hasta de *fake news*. Ahora ___3___ centrarse en su blog y en en la red social Twitter, donde ya ___4___ más de 4.400 seguidores. ___5___ establecer un contacto más directo con su público, también se ha animado a hacer un *podcast* para YouTube.

En su forma de buscar información, Elías es bastante representativo de su generación: hiperconectado, privilegia las redes sociales en ___6___ de los medios tradicionales. Para Jorge Hidalgo, doctor en Comunicación Aplicada, "los jóvenes se han ido apropiando poco a poco de los medios hasta convertirlos en laboratorios para la construcción de identidades y del mundo social. Se han convertido ___7___ en consumidores ___7___ en productores de contenido".

"___8___ siguen consumiendo temas políticos, sociales y económicos, los jóvenes recurren generalmente a los medios como mecanismo para responder a cuestiones existenciales que les ___9___", continúa el investigador.

Los medios tradicionales tratan de ___10___ a estos cambios de hábitos de las nuevas generaciones. Algunos periodistas se esfuerzan por hacer contenidos ___11___ a personas menores de veinte años. En Brasil, Evandro Almeida, de veintitrés años, piensa en formatos atractivos para sus contemporáneos. Recientemente ___12___ una serie de videos sobre latinos que viven en zonas de guerra y conflicto armado.

Un caso similar es el de Noelia Esquivel, una reportera de Costa Rica, que abandona cada vez más los medios tradicionales como fuente de información y migra hacia lo digital. Los boletines de noticias que llegan a su correo electrónico son sus preferidos. Aunque estima que los jóvenes de su país optan ___13___ las redes sociales para buscar información, reconoce que todavía falta hacer más para captar audiencias jóvenes y considera oportuno pensar en formatos más atractivos. "Invierten muchísimo tiempo en redes sociales. Ahí no solo tienen lo que les pasa a sus amigos, ___14___ también lo que le pasa al país, la región o al mundo", expresa.

Mariana Souquett

OPCIONES

1. a) de   b) con   c) en

2. a) de lo que   b) de la que   c) del que

3. a) ha decidido   b) decidía   c) decidiría

4. a) descuenta   b) resta   c) suma

5. a) Debido a   b) A pesar de   c) Con el fin de

6. a) beneficio   b) detrimento   c) sustento

7. a) tanto ... como b) tan ... como   c) tanto ... que

8. a) Asimismo   b) Sin embargo   c) Aunque

9. a) atañan   b) atañen   c) atañe

10. a) adaptarse   b) adaptar   c) adaptarlos

11. a) dirigidos   b) desviados   c) mandados

12. a) producirá   b) produzco   c) ha producido

13. a) por   b) para   c) en

14. a) si no   b) sino   c) aunque

RESPUESTAS - TEXTO Nº 1									
1b	2a	3a	4c	5c	6b	7a	8c	9b	10a
11a	12c	13a	14b						

TEXTO Nº 2
INSTRUCCIONES
Lea el texto y rellene los huecos con la opción correcta (a / b / c).

LAS MUJERES REPRESENTAN EL 55,6% DEL AUMENTO DEL DESEMPLEO EN ESPAÑA DEBIDO A LA PANDEMIA

La destrucción de empleo en España durante la pandemia se ha cebado ___1___ las personas con menos ingresos y más vulnerables, sobre todo jóvenes, migrantes y mujeres. Es ___2___ advierte la ONG Oxfam Intermón con motivo del 1 de mayo, Día Internacional de las personas trabajadoras.

___3___ tienen los salarios más bajos también han sufrido en mayor medida las consecuencias de la crisis derivada de la situación por la COVID-19. ___4___ cada empleo destruido en 2020, se han perdido 3,4 empleos de las ocupaciones profesionales peor pagadas.

"Las políticas públicas están logrando que se ___5___ menos empleo que en crisis anteriores gracias a medidas como los ERTE", explica Liliana Marcos, responsable de políticas públicas de Oxfam Intermón. "Pero eso no evita que aumente la desigualdad socioeconómica ___6___ los peores efectos los sufren las personas pertenecientes a los sectores más desfavorecidos".

El impacto ___7___ es el mismo entre mujeres y hombres. La tasa de desempleo de las primeras ha aumentado en España 2,6 puntos porcentuales mientras que la masculina se ha incrementado en 1,9 puntos. De todo el desempleo registrado durante el año 2020, el 55,67% corresponde a mujeres, tal y ___8___ apuntan desde la organización.

A nivel mundial, la situación de las mujeres ___9___ es peor que la de los hombres. La pandemia ha provocado que las mujeres de todo el mundo hayan perdido 800.000 millones de dólares en ingresos en 2020. Una cantidad que ___10___ al PIB combinado de 98 países. En cuanto a las trabajadoras y trabajadores extranjeros, la caída de la ocupación duplica la de las personas de nacionalidad española.

___11___ esta desigualdad se encuentra la precariedad a la que se enfrentan en mayor medida profesionales de baja ___12___, mujeres y jóvenes. Con estos datos, Oxfam Intermón pide maximizar los esfuerzos para evitar que los ERTE ___13___ en un mayor incremento del desempleo. "Hay que usar las reformas pactadas con la Unión Europa y los fondos de recuperación europeos para reducir la precariedad y para forjar un tejido productivo que ___14___ la creación de empleo de calidad", explica Liliana Marcos. "Las rentas laborales han de ser una pieza clave de la recuperación", añade.

La organización insiste también en que "es necesario corregir la precaria situación fiscal e impositiva de España, un país que recauda 4 puntos porcentuales menos que la media de la Unión Europea".

OPCIONES

1. a) hacia   b) con   c) de

2. a) el que   b) lo que   c) lo cual

3. a) Quienes   b) Aquellos   c) Los cuales

4. a) Sobre   b) En   c) Por

5. a) destruyó   b) destruirá   c) destruya

6. a) antes de que   b) hasta que   c) porque

7. a) tampoco   b) también   c) además

8. a) cual   b) como   c) cuando

9. a) al menos   b) también   c) tampoco

10. a) equivale   b) equivalga   c) equivaliese

11. a) Tras   b) Para   c) Por

12. a) numeración   b) minoría   c) remuneración

13. a) acaben   b) acaban   c) acabaran

14. a) conmueva   b) conlleve   c) confluya

RESPUESTAS - TEXTO Nº 2									
1b	2b	3a	4c	5c	6c	7a	8b	9b	10a
11a	12c	13a	14b						

TEXTO Nº 3
INSTRUCCIONES
Lea el texto y rellene los huecos con la opción correcta (a / b / c).

EL K-POP, UN REMEDIO CONTRA LA CRISIS

"Dynamite", la primera canción íntegramente en inglés del grupo de K-pop BTS, fue un éxito tan grande ___1___ se lanzó en agosto de 2020 que el Ministerio de Cultura, Deportes y Turismo estimó que aportó más de 1.400 millones de dólares a la economía de la República de Corea. El K-pop no ha sufrido la crisis sanitaria. Al contrario. Un concierto en línea de una semana de duración ___2___ en junio de 2020 a más de cuatro millones de espectadores.

___3___ la Agencia coreana de contenidos creativos, que promueve la producción cultural surcoreana, cerca del 40% de los asistentes a estos eventos virtuales dice que volvería a comprar___4___. Dado el potencial económico de estos conciertos en línea, el gobierno ___5___ que destinaría 29.000 millones de wones, la moneda del país, a construir un estudio para animar a las empresas de entretenimiento a celebrar más eventos de este tipo.

Privados de salidas y actividades, los jóvenes coreanos ___6___ en exceso en las pantallas, convertidas en su única forma ___7___ acceder a la cultura y la información. Minjeong Kang, profesor de la Facultad de Bellas Artes de la Universidad Hongik de Seúl, señala que la Generación Z "quiere estar conectada todo el tiempo y expresar sus convicciones" en las redes sociales. ___8___ rasgo distintivo es que, a diferencia de las generaciones anteriores que disfrutan de los contenidos de ficción de larga duración, los jóvenes de hoy prefieren los vídeos cortos centrados en la realidad.

Los vídeos de K-pop han tenido ___9___ efectos beneficiosos en el estado psicológico de los jóvenes. Muchos dicen que les han ayudado a superar la fatiga pandémica, término que ___10___ la ansiedad causada por la crisis sanitaria.

En respuesta a esta moda de los programas musicales y los formatos cortos, la industria se ha adaptado. Los contenidos relacionados ___11___ K-pop han ayudado a canales como Dingo Music a atraer a más de 2,7 millones de suscriptores en YouTube. Antes de utilizar YouTube como plataforma principal, la empresa empezó en Facebook y se especializó en videos de un minuto.

El K-pop ___12___ ha dado impulso a los sitios de música de pago, como Melon, la aplicación del género más popular en la República de Corea entre los jóvenes. Los miembros de este grupo de edad escuchan una media de 137 minutos de música al día.

___13___ la popularidad de esta música pop entre las generaciones más jóvenes, han surgido nuevas redes sociales, como Clubhouse, una red a la que sólo se puede acceder por invitación. ___14___ por el enorme éxito de los grupos de K-pop, estas nuevas tendencias de consumo cultural no nacieron con la crisis sanitaria, pero la pandemia las ha amplificado y acentuado. Y cabe pensar que están aquí para quedarse.

Yu Young Jin

OPCIONES

1. a) que   b) como   c) cuando

2. a) atrajo   b) contrajo   c) extrajo

3. a) De acuerdo   b) Conforme   c) Según

4. a) entradas   b) salidas   c) cartas

5. a) anunciará   b) anuncia   c) anunció

6. a) han involucrado   b) se han volcado   c) han volcado

7. a) de   b) por   c) a

8. a) Otro   b) Cualquier   c) Alguno

9. a) todavía   b) incluso   c) tampoco

10. a) ilustre   b) describa   c) describe

11. a) con el   b) al   c) hacia el

12. a) tampoco   b) menos   c) también

13. a) Antes   b) Gracias a   c) A pesar de

14. a) Impulsadas   b) Expulsadas   c) Pulsadas

RESPUESTAS - TEXTO Nº 3									
1c	2a	3c	4a	5c	6b	7a	8a	9b	10c
11a	12c	13b	14a						

TEXTO Nº 4

INSTRUCCIONES

Lea el texto y rellene los huecos con la opción correcta (a / b / c).

MATEO CABEZA: "HAGO UN CINE DEL QUE ME CUESTA DESPRENDERME EMOCIONALMENTE"

Paraíso es la última obra del cineasta sevillano, un cortometraje en el que ha conseguido un nivel de intimidad que no suele verse en la gran pantalla y que opta este año ___1___ los premios Goya.

Mateo Cabeza tiene voz firme, cree ___2___ lo que cuenta y así lo transmite. La situación no nos ha dejado compartir un café, pero nos encontramos gracias a un teléfono que, por instantes, tiende a desaparecer para dejar ___3___ a las historias. Mateo es cineasta, uno en continuo conocimiento de su obra, pero ante ___4___ es un contador de historias, un observador activo de la realidad que ha encontrado en el cine el medio para ___5___.

Graba ___6___ que le motiva, aunque también compagina esta labor con ___7___ editor y docente, respuesta que da al preguntarle de ___8___ vive entre película y película. Actualmente, no para de hablar de *Paraíso*, su último cortometraje documental, que en apenas 20 minutos provoca un ___9___ de emociones que acongoja y genera esperanza a partes iguales. Taha y Ahmed se convierten en el duro reflejo de una relación que se fortalece ante la situación que les toca vivir. Un hijo y su padre que se ven obligados a cambiar de país y que se instalan en un hospital andaluz a la espera de un trasplante que parece no llegar nunca.

El cineasta sevillano es un firme ejemplo de que desde el sur se puede crear algo muy personal, pero que al mismo tiempo pueda ser reconocido. Prácticamente todas sus obras están premiadas y con *Paraíso* está ___10___ allá por donde va. En poco menos de un mes le esperan los Goya, una cita quizás necesaria para afianzar una carrera en este mundo que ___11___ lleva recorriendo un tiempo.

Reconoce que este filme es la obra que más está moviendo porque lo vio claro desde el principio y es un proceso que ___12___ está enseñando mucho en cuestión de producción y distribución. "Yo, que nunca ___13___ del todo de qué van mis películas hasta que pasan por lo menos dos meses, porque es cuando puedo ver todos los matices, ahora comprendo que, al presentarla en festivales, al compartirla, se genera un discurso que incluso a los propios autores aclara muchas cosas".

En su obra podemos ver que Mateo Cabeza es un cineasta de contexto, de ___14___ que se introducen durante meses en una realidad hasta elegir el momento exacto en el que poner la cámara a grabar.

Lucía Aragón Luque

OPCIONES

1. a) a   b) para   c) en

2. a) a   b) en   c) de

3. a) río   b) paso   c) puerta

4. a) nada   b) bastante   c) todo

5. a) transmitirlas   b) transmitirlos   c) transmitirles

6. a) le   b) la   c) lo

7. a) ser   b) estar   c) quedarse

8. a) qué   b) que   c) quien

9. a) amén   b) vaivén   c) rehén

10. a) raseando   b) serrando   c) arrasando

11. a) ya   b) antes   c) todavía

12. a) le   b) lo   c) se

13. a) se   b) sé   c) sepa

14. a) aquellos   b) algunos   c) cualquiera

RESPUESTAS - TEXTO Nº 4									
1a	2b	3b	4c	5a	6c	7a	8a	9b	10c
11a	12a	13b	14a						

TEXTO Nº 5

INSTRUCCIONES

Lea el texto y rellene los huecos con la opción correcta (a / b / c).

REPARAR LA VIDA MARINA

Hasta ___1___ poco tiempo, el futuro de la biodiversidad marina no incitaba a ser optimista. Habíamos perdido la mitad de la biomasa de los grandes animales marinos y de la superficie de los hábitats esenciales de los océanos, ___2___ incluso más en algunos casos. Mi experiencia personal, por desgracia, también lo confirmaba. Desde el Ártico hasta el Antártico, había visto muchos ecosistemas, como praderas marinas, bosques de manglares o arrecifes coralinos, ___3___ y desaparecer.

Sin embargo, hacia 2010 la situación empezó a cambiar. Un número cada vez mayor de publicaciones ___4___ que el ritmo de desaparición de algunas especies ___5___ desacelerando. Los proyectos de restauración de la biodiversidad marina se habían multiplicado.

Formé un equipo de ecólogos eminentes para estudiar sistemáticamente los avances positivos que se habían logrado en el restablecimiento de la vida marina, y averiguar ___6___ tipo de acciones los habían hecho posibles.

Publicada en abril de 2020 por la revista Nature, nuestra evaluación mostró que habían disminuido los índices de desaparición de ___7___ marinas, marismas saladas y bosques de manglares. También mostró que las poblaciones de varias grandes especies marinas habían aumentado. Todo esto indicaba que las políticas de conservación adoptadas a partir de la década de 1970 empezaban a dar sus ___8___, ya que es necesario que pasen de veinte a treinta años para que se ___9___ los resultados esperados. Nuestra conclusión es que, de aquí al año 2050, se puede conseguir una reconstitución sustancial de la vida marina para que ___10___ entre un 70% y un 90% de su pasada riqueza. Para ___11___ es necesario proteger las especies marinas, muchas de las cuales están ___12___, algunas en peligro crítico de desaparición.

Reconstituir una gran parte de la vida marina de aquí al año 2050 es un objetivo realizable, ___13___ difícil de alcanzar. Se precisa una alianza mundial que logre aunar los intereses de gobiernos, empresas, usuarios de recursos y sociedad civil en torno a un plan de acción basado en pruebas documentadas y respaldado ___14___ un marco político sólido.

Carlos M. Duarte

Texto adaptado de "El Correo de la UNESCO" y distribuido con la misma licencia CC BY-SA. La presente publicación no es una publicación oficial de la UNESCO y no debe considerarse como tal.

https://es.unesco.org/courier/2021-1/reparar-vida-marina

OPCIONES

1. a) hizo   b) hace   c) hay

2. a) e   b) y   c) u

3. a) degradar   b) degradarse   c) degradarlos

4. a) recomendaba   b) guiaba   c) indicaba

5. a) llevaba   b) se estaba   c) era

6. a) qué   b) que   c) cuál

7. a) praderas   b) prados   c) pastizales

8. a) frutas   b) flores   c) frutos

9. a) produzcan   b) producen   c) producirán

10. a) recobra   b) recobre   c) recupera

11. a) esto   b) aquello   c) ese

12. a) intimidadas   b) amenazadas   c) advertidas

13. a) tanto   b) tampoco   c) aunque

14. a) para   b) por   c) hacia

RESPUESTAS - TEXTO Nº 5									
1b	2a	3b	4c	5b	6a	7a	8c	9a	10b
11a	12b	13c	14b						

TEXTO Nº 6

INSTRUCCIONES

Lea el texto y rellene los huecos con la opción correcta (a / b / c).

BASURA ELECTRÓNICA, RESIDUOS FUERA DEL RADAR

Los costes socioambientales que se derivan del uso masivo de aparatos electrónicos no ___1___ en su precio y suelen ser invisibles y desconocidos para el gran público. Mientras que el uso y ___2___ de la tecnología se produce mayoritariamente en el Norte, los habituales receptores de estos y otros residuos peligrosos son los territorios del Sur. Es aquí donde se depositan estos desechos sin control, ___3___ una contaminación que crece ___4___ lo hacen los residuos. Sin protección ni prevención frente a los daños sobre el medio ambiente o la salud, las comunidades cercanas sufren sus efectos dañinos, mientras trabajan de forma precaria e insegura, en muchas ocasiones como única forma de supervivencia.

___5___ se estima que los residuos electrónicos representan solo un 2% de los flujos de desechos sólidos, llegan a significar el 70% de los residuos peligrosos que terminan en los ___6___. Sin embargo, ___7___ su peligro, la basura electrónica de la que nos deshacemos continuamente es apreciada como un ___8___ valioso para países en vías de desarrollo. De la misma manera, los países del Norte se benefician de que ___9___ se queden con sus residuos, externalizando (e invisibilizando) su grave impacto socioambiental.

Es difícil mantener el nivel de consumo que llevamos hoy en día. Por ello, la recuperación, reciclaje y reutilización es, más que una opción, un camino inevitable que ___10___ seguir. Es necesario, por tanto, un cambio de modelo económico que abandone la ___11___ del crecimiento ilimitado. Debemos acabar con la economía lineal para dar paso a una economía circular donde se apliquen "las cuatro ___12___": reducir, reparar, reutilizar y reciclar.

La recuperación de materias ___13___ secundarias es un sector que emplea a muchas personas en el mundo, como también lo hace el comercio de segunda mano. Sin embargo, no ___14___ falta insistir en los problemas que conlleva hacerlo sin las medidas de protección apropiadas. El consumo de tecnología y aparatos electrónicos no debería hacerse por mandato de la moda y la publicidad, sino de forma consciente y responsable.

Elvira C. Pérez y Sara Domínguez

OPCIONES

1. a) reflejan   b) se reflejan   c) se reflejen

2. a) disfrute   b) disfruta   c) disfruto

3. a) generando   b) generado   c) mejorando

4. a) para que   b) aunque   c) al igual que

5. a) Aunque   b) Sin embargo   c) Incluso

6. a) fregaderos   b) vertederos   c) merenderos

7. a) a pesar de   b) gracias a   c) contra

8. a) curso   b) transcurso   c) recurso

9. a) ninguno   b) otros   c) cualquiera

10. a) debemos de   b) debemos   c) vamos

11. a) senda   b) pared   c) planta

12. a) erres   b) erre   c) eres

13. a) premio   b) primerizas   c) primas

14. a) hace   b) es   c) está

RESPUESTAS - TEXTO Nº 6

1b	2a	3a	4c	5a	6b	7a	8c	9b	10b
11a	12a	13c	14a						

TEXTO Nº 7

INSTRUCCIONES

Lea el texto y rellene los huecos con la opción correcta (a / b / c).

VACUNAS LIBRES O CÓMO HACER DE LA CIENCIA UN BIEN PÚBLICO

"La inversión pública debe orientarse ___1___ un modelo de licencias no exclusivas que permita romper el monopolio, que es la piedra angular en el problema de acceso a los medicamentos", denuncia la Fundación Salud Por Derecho. Esta fundación viene reivindicando desde hace años la necesidad de hacer de los medicamentos un bien público.

"___2___ criterios que garanticen la defensa del interés público en la inversión que se realiza en I+D biomédica con el dinero de todos y todas. Por ejemplo, los gobiernos ___3___ mucho, pero luego no hay capacidad para controlar el precio de los medicamentos, o la transferencia de ese conocimiento se hace con una licencia en exclusiva a una compañía que va a tener la ___4___ y, por tanto, la capacidad de producción y comercialización. ___5___ que está pasando con las vacunas de la COVID-19 debería fomentar un debate político para que esto ___6___", denuncia la directora de Salud Por Derecho, Vanessa López.

___7___ esta organización ___7___ Médicos Sin Fronteras pidieron al Gobierno que apoye la propuesta de India y Sudáfrica y la C-TAP (una iniciativa de la OMS para compartir el conocimiento científico desarrollado contra la COVID-19 de forma voluntaria) para que se suspendan ciertas medidas de propiedad intelectual en medicamentos, vacunas, pruebas de diagnóstico y otras tecnologías sobre este virus mientras dure la pandemia. Hasta la fecha, España no ha mostrado su ___8___ a ninguna de las dos.

"La respuesta que hemos recibido del jefe de Gabinete ha sido decepcionante –indica López–, porque no se compromete, ni ___9___ menos, a intentar modificar la posición de la UE. Es decir, los países ricos están poniendo ___10___ en la rueda. Y mientras los gobiernos dicen que las vacunas son un bien público, los hechos no se corresponden con sus declaraciones".

"Si un organismo público ha desarrollado una vacuna, es el propio gobierno el que se tiene que ocupar de marcar una política que ___11___ blinde como un bien público global –expresa López–. Por ejemplo, el CSIC está investigando actualmente diferentes vacunas que, si llegan a tener éxito, podrían licenciarse a diferentes compañías –sin exclusividad– y aumentar ___12___ su producción mundial".

"Estaríamos contribuyendo –prosigue la directora de Salud por Derecho– a que una vacuna exitosa ___13___ llegar a cualquier lugar y que la propiedad intelectual no sea un freno: "La de AstraZeneca se desarrolló en la Universidad de Oxford y se licenció en exclusiva a esta empresa. Y ___14___ todo el mundo depende de su capacidad de producción y de su estrategia comercial".

Olivia Carballar

OPCIONES

1. a) de   b) contra   c) hacia

2. a) Faltan   b) Falten   c) Falta

3. a) invierten   b) invisten   c) vierten

4. a) matrícula   b) patente   c) carencia

5. a) La   b) El   c) Lo

6. a) cambiaría   b) cambia   c) cambie

7. a) Tanto ... que   b) Tanto ... como   c) Tanta ... como

8. a) costado   b) respaldo   c) espalda

9. a) poco   b) mucho   c) todo

10. a) agua   b) velas   c) palos

11. a) la   b) lo   c) le

12. a) o sea   b) así   c) sino

13. a) pueda   b) puede   c) ha podido

14. a) antes   b) ahora   c) pronto

RESPUESTAS - TEXTO Nº 7									
1c	2a	3a	4b	5c	6c	7b	8b	9b	10c
11a	12b	13a	14b						

TEXTO Nº 8

INSTRUCCIONES

Lea el texto y rellene los huecos con la opción correcta (a / b / c).

EL GASTO MILITAR MUNDIAL AUMENTA

El gasto militar mundial ha alcanzado la cifra récord de casi dos billones de dólares. ___1___ la emergencia sanitaria y social originada por la COVID-19, el gasto militar ha aumentado este año un 2,6%, según el cómputo de Sipri (Instituto Internacional de Estudios para la Paz de Estocolmo). España no solo ha seguido esa tendencia, __2__ que la ha superado con creces con un incremento del 9,41%.

En una ___3___ de prensa conjunta con Marea Blanca Catalunya y la Coordinadora española ONGD, el responsable del centro catalán para el estudio de la paz ha lamentado que en plena pandemia los estados hayan ampliado los recursos económicos destinados al gasto militar, ___4___ atender las necesidades sociales y sanitarias. Solo dos países han optado por virar esa política: "Chile y Corea del Sur han ___5___ parte de sus fondos militares a gastos relacionados con la pandemia, ___6___ otros no han consumido el gasto militar proyectado", destaca Calvo.

"Es importante remarcar que la tendencia mundial ___7___ una remilitarización extrema en las relaciones internacionales ___8___ una realidad que parece no tener fin, y mientras siga esta tendencia tenemos que poner la ___9___ de alarma.

Por ___10___ parte, Andrés Amayuelas, de la Coordinadora española de ONGD, ha indicado que, "con un día de gasto militar mundial, los Estados evitarían que 34 millones de personas se ___11___ abocadas a la hambruna". Es decir, 26 horas de gasto militar mundial permitirían la financiación adicional de 4.500 millones solicitados por la FAO. "En cooperación al desarrollo, ___12___ por detrás de países como Hungría", remarca Amayuelas.

"España destinará el mismo dinero a comprar armas que a ayudar al desarrollo", ha añadido Calvo, ___13___ ha pedido al Gobierno que rectifique. "Los presupuestos son una decisión política y la política se hace desde los presupuestos", ha recordado.

La representante de Marea Blanca Catalunya, Esperanza Fernández, ha insistido en la necesidad de invertir en los servicios públicos —educación, sanidad—, desmanteladas en la anterior crisis. Del mismo modo, ha alertado de la letra ___14___ de los fondos europeos para la recuperación *Next Generation*, "por donde se puede colar, en nombre de la modernización y digitalización, gasto militar".

Gessamí Forner

OPCIONES

1. a) A base de   b) A pesar de   c) Por consiguiente

2. a) pero   b) sino   c) si no

3. a) rueda   b) mesa   c) tabla

4. a) a fin de   b) con vistas a   c) en vez de

5. a) reasignado   b) resignado   c) renunciado

6. a) como que   b) tanto que   c) mientras que

7. a) contra   b) hacia   c) entre

8. a) es   b) está   c) se convierte

9. a) vez   b) voz   c) vecina

10. a) su   b) esa   c) aquella

11. a) verían   b) vieron   c) vieran

12. a) aspiramos   b) somos   c) estamos

13. a) quien   b) cual   c) quién

14. a) pequeña   b) invisible   c) roja

RESPUESTAS - TEXTO Nº 8

1b	2b	3a	4c	5a	6c	7b	8a	9b	10a
11c	12c	13a	14a						

TEXTOS PARA EL SIELE

(NIVEL B2)

TAREA 5 - COMPRENSIÓN DE LECTURA

TEXTO Nº 9

INSTRUCCIONES

Lea el texto y rellene los huecos con la opción correcta (a / b / c).

EL ESTRÉS

Indudablemente, nuestra época está llena de estrés. Vivimos ___1___ un bombardeo constante de presiones económicas, sociales, políticas, culturales, ambientales, laborales, y hasta psicológicas.

El estrés es la forma en que nuestro cuerpo ___2___ a cualquier tipo de demanda. Puede ser causado ___3___ buenas o malas experiencias. Cuando las personas se sienten estresadas por algo que sucede a su alrededor, su cuerpo reacciona liberando sustancias químicas en la sangre que ___4___ permite tener más energía y fuerza, lo que puede ___5___ bueno si su estrés es causado por algún peligro físico. ___6___ también esto puede suponer algo malo, si su estrés es en respuesta a una emoción.

El estrés afecta tanto al cuerpo como a la ___7___. Las personas muy estresadas se sienten agotadas y no pueden ___8___ ni pensar con claridad.

Según el Instituto Americano de Estrés, el estrés tiene muchas causas diferentes ___9___ varían según los pacientes. Algunas personas se angustian fácilmente ___10___ que otras necesitan varias situaciones agobiantes antes de comenzar a sentir los efectos físicos o psicológicos.

Según la Asociación Americana de Psicología, el estrés crónico se relaciona con las seis causas de muerte más frecuentes: enfermedad cardíaca, cáncer, enfermedades pulmonares, accidentes, cirrosis del hígado y suicidio. Y más del 75 ___11___ de las visitas a un consultorio médico tiene que ver con dolencias y quejas relacionadas con el estrés.

El estrés crónico puede afectar al cerebro, a la tiroides, causar desequilibrios de azúcar en la sangre, disminuir la densidad ósea y el tejido muscular, aumentar la tensión arterial, reducir la inmunidad y la capacidad de sanar o aumentar los depósitos de grasa alrededor del abdomen que están asociados con ataques cardíacos.

Una periodista escribió en el Huffington Post, a principios de 2016, que para superar la epidemia de salud del siglo XXI, las empresas estadounidenses debían centrar su atención en ayudar a que las personas ___12___ el equilibrio entre el trabajo y la vida. Solo entonces los Estados Unidos comenzarían a ganar la batalla contra el estrés en el lugar de trabajo.

OPCIONES

1. a) hacia   b) bajo   c) antes

2. a) responde   b) responda   c) contesta

3. a) por   b) para   c) de

4. a) los   b) las   c) les

5. a) estar   b) seguir   c) ser

6. a) Sino   b) Pero   c) Más

7. a) manta   b) mente   c) menta

8. a) concentrar   b) centrar   c) concentrarse

9. a) cuyas   b) cuales   c) que

10. a) aun   b) durante   c) mientras

11. a) para cien   b) por ciento   c) por cientos

12. a) encontrarían   b) encuentran   c) encontraran

RESPUESTAS - TEXTO Nº 9									
1b	2a	3a	4c	5c	6b	7b	8c	9c	10c
11b	12c								

TEXTO Nº 10

INSTRUCCIONES

Lea el texto y rellene los huecos con la opción correcta (a / b / c).

¿POR QUÉ LOS FLAMENCOS DESCANSAN SOBRE UNA SOLA PATA?

Cientos de flamencos se congregan como un equipo de ballet acuático aviar: todos acicalan sus plumas de color rosa, descansando al sol sobre una pata. Para la ciencia es un enigma ___1___ los flamencos descansan sobre una sola pata con tanta regularidad, aunque hay varias teorías al respecto. Es una habilidad impresionante, ya que las patas de los flamencos son más largas que sus cuerpos, y la mayor parte de su peso ___2___ orientado horizontalmente.

La mayor parte de las aves zancudas (aves de patas largas) tienen la ___3___ de permanecer largas horas apoyadas en una sola pata, y los flamencos son de las aves zancudas ___4___ grandes ___4___ existen.

Su color proviene de los alimentos que consumen, como los camarones, ___5___ están llenos de pigmentos carotenoides, responsables del color naranja. Los flamencos están siempre en grupos y viven en todos los continentes, ___6___ en Australia y en la Antártida. Son muy sociables: duermen, acicalan sus plumas, y comen juntos.

Los flamencos se apoyan en ambas patas para comer, pero solo en una pata para dormir. ___7___, ¿por qué actúan así?

Si usted estuviese en el agua todo el día, ¿___8___ le pasaría a su piel? Lo más probable es que acabase como una ciruela pasa. Tal vez las aves zancudas tengan el mismo problema. Al apoyarse sobre una pata, secan la que queda fuera.

___9___ expertos piensan que el acto de equilibrio sobre una pata tiene que ver con el cerebro del flamenco. Muchos animales, como los delfines y los patos, tienen la capacidad de "apagar" un lado de su cerebro mientras duermen. Esto explicaría el ___10___ del descanso sobre una pata. El tramo controlado por el lado del cerebro que está despierto permanece en el suelo para mantener el equilibrio mientras la otra pata descansa un rato.

Otra teoría, muy popular entre los científicos, es que los flamencos mantienen solo una pata en el agua para ___11___ mejor. En una laguna hay muchos objetos largos y delgados, como las cañas y los árboles. Sobre una pata, el flamenco se parece a un árbol de tronco delgado, ___12___ cuando se ve desde dentro del agua, que es la zona de caza de un flamenco.

Victor Carrion

OPCIONES

1. a) por que   b) por qué   c) porqué

2. a) será   b) es   c) está

3. a) capacidad   b) bondad   c) calidad

4. a) menos ... que   b) más ... que   c) tan ... que

5. a) los que   b) las cuales   c) los cuales

6. a) tampoco   b) excepto   c) pero

7. a) Entretanto   b) Entonces   c) Todavía

8. a) qué   b) que   c) cuál

9. a) Algún   b) Algunos   c) Según

10. a) porque   b) porqué   c) por qué

11. a) camuflarse   b) camuflar   c) esconder

12. a) aun   b) especialmente   c) excepcionalmente

RESPUESTAS - TEXTO Nº 10									
1b	2c	3a	4b	5c	6b	7b	8a	9b	10b
11a	12b								

TEXTO Nº 11

INSTRUCCIONES

Lea el texto y rellene los huecos con la opción correcta (a / b / c).

SEGUNDA VUELTA AL MUNDO EN 80 CUENTOS

El cuento, el mito y la leyenda constituyen la ___1___ de las historias populares, y también del imaginario de las gentes. El cuento popular se distingue de la leyenda, que trata de hechos considerados verídicos en otro tiempo. Pero también se diferencia del mito, protagonizado ___2___ personajes pertenecientes a una época antigua muy ___3___, y que trata de ofrecer una explicación del mundo.

Las tres clases de relatos ___4___ creaciones genuinas, con funciones y finalidades propias: una función encaminada a la integración en una determinada cultura; una función mágica y espiritual; una función con aspectos lúdicos e imaginativos; y una función educativa, ___5___ también comprende el aprendizaje de una lengua concreta.

En ___6___ caso, los cuentos son unos supervivientes y, por eso, carecen de una verdadera localización en el espacio geográfico. Son parte del patrimonio de los pueblos, pero no de ningún pueblo en particular. Por esa razón, no hay una versión única de cada cuento popular, sino muchas y diferentes. ___7___ tampoco existe una única lengua para todos los cuentos.

Por eso, os planteamos, de nuevo, un viaje alrededor del mundo y de los cuentos, ___8___ en cuenta que recibiremos de buen grado

___9___ mitos ___9___ leyendas. Vuestra participación no solo es valiosa e importante, es muy necesaria para rellenar un mapa colaborativo.

En esta ocasión, además de cuentos, mitos y leyendas de ___10___ lugar de la Tierra, nos interesan mucho ciertas experiencias educativas. Aquellas en las que las historias del imaginario popular hayan tenido una participación relevante. Elegid con atención los materiales para este viaje: textos, enlaces, imágenes... Recordad que debemos cuidar las historias, dejar que ellas nos lleven con su propia acción, y que es necesario apreciar cada uno de nuestros relatos ___11___ así llegarán las sorpresas.

Cada historia, cuento o proyecto estará situado en algún lugar o país. Todo lo demás dependerá de vuestro interés y creatividad. Cuando en el mapa se ___12___ los ochenta cuentos, se cerrará definitivamente la posibilidad de editar.

No lo dudes, ¡anímate y colabora!

Mario Aller

Texto adaptado de "educacontic.es" y distribuido con la misma licencia CC BY-SA.
http://www.educacontic.es/blog/segunda-vuelta-al-mundo-en-80-cuentos

OPCIONES

1. a) vista   b) base   c) soporte

2. a) por   b) para   c) de

3. a) anterior   b) posterior   c) previo

4. a) hablan   b) están   c) son

5. a) cual   b) cuya   c) que

6. a) todo   b) cualquiera   c) primero

7. a) Anteriormente   b) De aquí   c) Como

8. a) tuvieron   b) teniendo   c) tenido

9. a) tanto ... como   b) tanto ... que   c) tan ... como

10. a) cualquier   b) cualquiera   c) ningún

11. a) sin que   b) porque   c) pero

12. a) alcanzarán   b) alcancen   c) alcanzan

RESPUESTAS - TEXTO Nº 11

1b	2a	3a	4c	5c	6a	7c	8b	9a	10a
11b	12b								

TEXTO Nº 12

INSTRUCCIONES

Lea el texto y rellene los huecos con la opción correcta (a / b / c).

LA PERSISTENCIA DE LA MEMORIA
EN EL USO DE LA TECNOLOGÍA

Mi primer ordenador fue un Dragón 32. Me lo regalaron los Reyes Magos en la Navidad de los doce goles de España a Malta. Yo les ___1___ un ZX Spectrum, como muchos otros niños de mi generación, pero un amigo de los Reyes Magos les convenció ___2___ me trajeran un Dragón 32 porque era un ordenador para estudiar y trabajar, y no para jugar, como el ZX. Hay amigos que ___3___ mejor callados, en mi humilde opinión.

En la práctica, aquella decisión de los Reyes Magos supuso, ante la total ausencia de programas apropiados para mi ordenador, horas y horas de copiar código de las escasas revistas especializadas que en aquella época llegaban a una ciudad de ___4___. Aprendí mucho, pero cualquier mínimo desliz tipográfico lo pagaba con un error de funcionamiento.

Después, cuando yo ya estudiaba en la universidad, mi familia hizo el importante esfuerzo de comprar un IBM. Eso ya era un ordenador serio e ___5___ mi padre se animó a utilizarlo para preparar sus clases y guardar listados y notas. Era ___6___ su potencia que sentíamos hacia él la misma veneración que se podía tener por un instrumento científico: era una máquina cargada de futuro... aunque ___7___ solo durante unos años.

___8___ ahí, llegó el mundo de los "clónicos", con los que aprendimos a comparar velocidades de procesador, capacidad del disco duro, resolución de la ___9___ y calidad de la tarjeta de vídeo o de sonido. Asimismo, también aprendimos a cambiar e instalar muchos de esos ___10___.

En ___11___ momento de esa carrera llegó la portabilidad. Primero fueron enormes ordenadores portátiles, que poco a poco perdieron grosor y peso, hasta que un día llegó el iPhone y todo cambió. Las pantallas se volvieron táctiles, las tabletas llenaron el hogar y, al mismo tiempo, los portátiles se hicieron ultra ligeros.

Y ahora, cuando llevo encima y en mi mochila más velocidad de procesamiento que los ordenadores que llevaron a la Humanidad al espacio, me pregunto ___12___ ha sido de todos esos ordenadores y dispositivos que me han acompañado en los últimos treinta años de mi vida. Todos ellos han ido apareciendo y desapareciendo, siempre superados por un nuevo aparato.

Fernando Trujillo

Texto adaptado de "educacontic.es" y distribuido con la misma licencia CC BY-SA.

http://www.educacontic.es/blog/sobre-la-persistencia-de-la-memoria-en-el-uso-de-la-tecnologia

OPCIONES

1. a) había pedido b) pido c) pidiese

2. a) de que b) que c) desde que

3. a) estuviesen b) estarían c) habrán estado

4. a) provincia b) provincial c) provincias

5. a) también b) incluso c) todavía

6. a) bien b) totalmente c) tal

7. a) fuera b) hubiese c) habría sido

8. a) En cuanto b) A partir de c) A causa de

9. a) tapa b) pantalla c) mampara

10. a) integrantes b) ingredientes c) componentes

11. a) algún b) ningún c) alguno

12. a) qué b) que c) cómo

RESPUESTAS - TEXTO Nº 12									
1a	2a	3b	4c	5b	6c	7a	8b	9b	10c
11a	12a								

TEXTO Nº 13

INSTRUCCIONES

Lea el texto y rellene los huecos con la opción correcta (a / b / c).

TRADUCIR UN LIBRO:
LOS ERRORES QUE SE DEBEN EVITAR

La ___1___ de los autores se ilusiona con el hecho de traducir sus libros y venderlos ___2___ el extranjero.

Me gustaría ___3___ un mito: para traducir un libro, no necesitamos a una persona que ___4___ inglés, francés o italiano. Necesitamos a una persona autóctona que traslade el sentido y la intención del autor a su país ___5___. Para ello, es imprescindible contar con traductores nativos especializados. La ___6___ consiste en «traducir significados» y no «traducir palabras». La traducción va más allá del simple hecho de conocer una lengua. Consiste en comunicar, hacer sentir y vibrar al interlocutor. En pocas palabras, la traducción no debe parecer una traducción, sino un texto redactado por un autor chino, japonés o del idioma que se haya elegido.

Poner ___7___ la venta los derechos de tu libro dependerá de varios condicionantes: que tu libro haya sido un éxito en tu propio país o el interés general del libro para el mercado ___8___.

Para la editorial será más fácil que un socio le compre un libro que ___9___ es famoso. Si no ha tenido éxito en tu propio país, eso será una mala señal, sin lugar a duda.

Las editoriales pequeñas y medianas no tienen tiempo de ___10___ en estos jaleos que no les inspiran confianza. La mejor manera que tiene una editorial de conquistar a un socio extranjero es reuniéndose con él. Una oportunidad única es el salón del libro de Fráncfort, que tiene lugar a ___11___ de octubre. Una vez que una editorial extranjera decide comprar, se inicia un proceso de contratos, ventas de derechos y firmas por doquier.

Aunque tú, como autor, o la editorial de tu país podáis sugerir o recomendar una agencia de traducción o un traductor profesional, la editorial de destino será la que decida. ¿Por qué? Porque es la que pone el dinero en la mesa. Una vez ___12___ todo esto, el libro empieza a recorrer un nuevo sendero.

Pilar Pla Pasán

Texto adaptado de "infotecarios.com" y distribuido con la misma licencia CC BY-SA.

https://www.infotecarios.com/traducir-un-libro-los-errores-que-se-deben-evitar/

OPCIONES

1. a) mayoría   b) mejoría   c) mayor

2. a) sobre   b) en   c) con

3. a) derribarse   b) derribarlos   c) derribaros

4. a) sé   b) sepa   c) supiese

5. a) natal   b) nacido   c) primario

6. a) terca   b) tarea   c) tarifa

7. a) a   b) en   c) por

8. a) extraño   b) forastero   c) foráneo

9. a) ya   b) nunca   c) pues

10. a) meter   b) meterse   c) ponerse

11. a) mediados   b) medios   c) mitades

12. a) haciendo   b) hecho   c) hice

RESPUESTAS - TEXTO Nº 13									
1a	2b	3c	4b	5a	6b	7a	8c	9a	10b
11a	12b								

TEXTO Nº 14

INSTRUCCIONES

Lea el texto y rellene los huecos con la opción correcta (a / b / c).

CÓMO CONSEGUIR UN AIRE URBANO LIMPIO SIN PARAR LA ACTIVIDAD ECONÓMICA

Pocas son las razones por las que se podría echar de menos un confinamiento domiciliario como el que ocurrió hace un año, pero sin duda una de ellas es la mejora de la ___1___ del aire en las grandes ciudades. Una reducción de los niveles de dióxido de nitrógeno (NO_2) del 64%, como la ___2___ durante los diez primeros días del estado de alarma, sin que se ___3___ la actividad económica, es el sueño de ___4___ alcalde preocupado por la contaminación. A nivel estatal, la contaminación urbana cayó un 58% en España entre el 14 de marzo y el 30 de abril, ___5___ el informe *Efectos de la crisis de la COVID-19 sobre la calidad del aire urbano en España*.

Los datos actuales, sin embargo, demuestran que hemos vuelto a las ___6___. Este lunes, el satélite Copernicus Sentinel-5P de la Agencia Espacial Europea publicaba los datos de las concentraciones de NO_2 en una de las regiones más contaminadas del planeta: las zonas central y oriental de China, donde viven cientos de millones de personas. Los datos, como no podía ser de otra manera, muestran niveles similares e incluso superiores a la ___7___ "precovid".

No obstante, no todo ___8___ resignación. El estudio *Blue Sky Recovery* muestra el camino para respirar aire limpio sin parar la actividad. La investigación se ha centrado ___9___ seis ciudades europeas y evalúa escenarios posibles para alcanzar niveles similares a los del confinamiento. La ___10___ es, en realidad, conocida: reducir el número de automóviles, acelerar el fin de los vehículos de combustión y dar más protagonismo a peatones, bicicletas, transporte público y al teletrabajo.

Se trata de transformaciones urbanas "ambiciosas ___11___ viables" para los investigadores. Como señala Nuria Blázquez, coordinadora de Transporte de Ecologistas en Acción, "los ayuntamientos tienen la oportunidad de hacer los cambios en los próximos años. No ___12___ excusas para no transformar las ciudades. Debemos poner en marcha zonas de bajas emisiones, mejorar el transporte público y abandonar los vehículos de combustión interna", añade.

OPCIONES

1. a) calidad   b) cualidad   c) actitud

2. a) llegada   b) ocurrida   c) venida

3. a) paralizó   b) paralice   c) paraliza

4. a) alguno   b) cualquiera   c) todo

5. a) según   b) después   c) así

6. a) caminadas   b) andadas   c) caminatas

7. a) duración   b) era   c) edad

8. a) es   b) está   c) contrae

9. a) por   b) para   c) en

10. a) ley   b) receta   c) compuesta

11. a) si no   b) sino   c) pero

12. a) existe   b) hay   c) hace

RESPUESTAS - TEXTO Nº 14									
1a	2b	3b	4c	5a	6b	7b	8a	9c	10b
11c	12b								

TEXTO Nº 15

INSTRUCCIONES

Lea el texto y rellene los huecos con la opción correcta (a / b / c).

ÁFRICA: A LA CONQUISTA DEL ORO AZUL

La explotación de actividades relacionadas con el mar podría convertirse en un importante motor de desarrollo para África en los próximos años. ___1___ señalar que las perspectivas son prometedoras para un continente que, de un total de 54 Estados, tiene 38 países ribereños e insulares ___2___ aguas territoriales ocupan una superficie de 13 millones de kilómetros cuadrados. Además, más del 90% de las importaciones y exportaciones africanas se realizan ___3___ mar.

Los recursos pesqueros podrían contribuir a solucionar los problemas de nutrición y ___4___ la seguridad alimentaria de casi 200 millones de africanos, ___5___ un aporte vital de pescado de mar y de agua dulce. En los países que padecen un déficit de alimentos o que cuentan con ingresos escasos, el pescado representa casi el 20% de la proteína de origen animal. Ese porcentaje ___6___ el 50% en los países insulares o ribereños densamente poblados, como Ghana, Guinea o Senegal. El desafío es considerable, si se tiene en cuenta que está previsto que la población africana ___7___ de aquí a 2050, pasando de 1.200 a 2.500 millones de habitantes.

La innovación y la investigación pueden estimular un crecimiento azul sostenible. Las iniciativas se multiplican ___8___ por todo el continente. El Centro Songhaï de Porto Novo, en Benin, ha elaborado un modelo de economía azul ___9___ combina la producción de energía, la producción vegetal y la acuicultura. A partir de las aguas residuales, produce metano destinado a proporcionar energía de uso doméstico. En Kenya, la empresa Aquaedge Africa se dedica ___10___ transformar el pescado en galletas de alto contenido proteínico.

A fin de aprovechar plenamente el potencial de la economía azul, los países deben abordar los problemas que causan el cambio climático y la mala gestión del medio ambiente. ___11___ un informe de la Conferencia de las Naciones Unidas sobre Comercio y Desarrollo de 2016, la mitad de las reservas de ___12___ que se encuentran junto a las costas de África Occidental se consideran en estado de sobreexplotación, en parte debido a la pesca ilícita. La organización Overseas Development Institute (ODI) calcula que más del 50% de los recursos ictiológicos de la zona costera que va de Senegal a Nigeria han sido ya objeto de explotación excesiva y se estima que la pesca ilegal representa entre la tercera parte y la mitad de las capturas totales realizadas en la región.

Adam Abdou Hassan

https://es.unesco.org/courier/2021-1/africa-conquista-del-oro-azul

OPCIONES

1. a) Cabe   b) Hace   c) Debe

2. a) cual   b) cuyas   c) las que

3. a) por   b) de   c) al

4. a) arruinar   b) empeorar   c) garantizar

5. a) a pesar de   b) al revés de   c) gracias a

6. a) alcance   b) alcanza   c) alcanzase

7. a) se ha duplicado   b) se duplicó   c) se duplique

8. a) durante   b) ya   c) desde

9. a) que   b) el que   c) quien

10. a) por   b) en   c) a

11. a) Incluso   b) Aunque   c) Según

12. a) peces   b) pescados   c) aves

RESPUESTAS - TEXTO Nº 15

1a	2b	3a	4c	5c	6b	7c	8b	9a	10c
11c	12a								

INFORMACIÓN FINAL

Si este libro te ha sido útil, por favor, **deja una buena valoración y un comentario** en la web de Amazon. Tu voto positivo nos ayudará a publicar nuevos manuales.

Recuerda que el equipo de BIBLIOTECA ELE puede seguir ayudándote en la preparación de tus diplomas de español. Si estás interesado/a en nuestras **clases particulares de cualquier nivel** (A1, A2, B1, B2, C1 y C2), contáctanos en:

correobiblioteca.ele@gmail.com

Contamos con un equipo experimentado de profesores nativos españoles. También corregimos redacciones y trabajos académicos a precios muy asequibles.

¡BUENA SUERTE CON EL SIELE Y EL DELE!

Vanesa Fuentes
Profesora de español y directora de BIBLIOTECA ELE

B | E
BIBLIOTECA
ELE

correobiblioteca.ele@gmail.com

Printed in Great Britain
by Amazon

40020233R00040